BEI GRIN MACHT SICH IHR WISSEN BEZAHLT

AF152786

- Wir veröffentlichen Ihre Hausarbeit,
  Bachelor- und Masterarbeit

- Ihr eigenes eBook und Buch -
  weltweit in allen wichtigen Shops

- Verdienen Sie an jedem Verkauf

Jetzt bei www.GRIN.com hochladen und kostenlos publizieren

Andre Budke

Der Bund der Landwirte (BDL) und die völkische Bewegung

Inwiefern trug der BDL zur Verfestigung und Verbreitung der völkischen Ideologie bei?

GRIN Verlag

Bibliografische Information der Deutschen Nationalbibliothek:

Die Deutsche Bibliothek verzeichnet diese Publikation in der Deutschen National-
bibliografie; detaillierte bibliografische Daten sind im Internet über http://dnb.d-
nb.de/ abrufbar.

Impressum:

Copyright © 2004 GRIN Verlag GmbH
Druck und Bindung: Books on Demand GmbH, Norderstedt Germany
ISBN: 978-3-638-91274-7

Dieses Buch bei GRIN:

http://www.grin.com/de/e-book/84373/der-bund-der-landwirte-bdl-und-die-voelki-
sche-bewegung

GRIN - Your knowledge has value

Der GRIN Verlag publiziert seit 1998 wissenschaftliche Arbeiten von Studenten, Hochschullehrern und anderen Akademikern als eBook und gedrucktes Buch. Die Verlagswebsite www.grin.com ist die ideale Plattform zur Veröffentlichung von Hausarbeiten, Abschlussarbeiten, wissenschaftlichen Aufsätzen, Dissertationen und Fachbüchern.

Besuchen Sie uns im Internet:

http://www.grin.com/

http://www.facebook.com/grincom

http://www.twitter.com/grin_com

Universität Osnabrück

Wintersemester 2003/2004

Veranstaltung: „Weltpolitik" im wilhelminischen Deutschland

Thema der Hausarbeit:

Der Bund der Landwirte (BDL) und die völkische Bewegung

Inwiefern trug der BDL zur Verfestigung und Verbreitung der völkischen Ideologie bei?

Vorgelegt von:

Andre Budke

Fachrichtung: Magister

Politik, Geschichte

7. Semester

Inhaltsverzeichnis

1 Einleitung

Der Bund der Landwirte wurde 1893 in Opposition zu den Handelsverträgen der Regierung Caprivi gegründet und stieg binnen kurzer Zeit zu einer einflussreichen Massenorganisation auf.

Tabelle 1: Mitgliederzahlen des BDL[1]

1896	188.000
1900	206.000
1906	272.000
1913	327.440

Er integrierte große Teile der Landbevölkerung und zum Teil auch städtische Mittelschichten. Der Bund der Landwirte sieht sich vielfältigen Problemen gegenüber. Es gibt eine strukturelle Krise der Landwirtschaft und eine Bevölkerungswanderung in die Ballungsräume, die der Landwirtschaft billige Arbeitskräfte entzieht. Auch verliert der Agrarsektor durch die sprunghafte Industrialisierung in Deutschland deutlich an wirtschaftlicher und damit politischer Bedeutung. Ziel des BDL war es nun, politischen Einfluss geltend zu machen, um die eigene überkommene privilegierte Position möglichst weitgehend zu erhalten. Sein politischer Einfluss resultierte aus der engen Zusammenarbeit mit einigen Parteien, vor allem jedoch den Deutschkonservativen. In dieser Arbeit soll untersucht werden, welche Parallelen und Verbindungen es zwischen dem BDL und der erstarkenden völkischen Bewegung gab und inwiefern der BDL als Katalysator für die völkische Ideologie fungiert haben könnte.

2 Die Ideologie des BDL

Der Ideologie kam im BDL ein hoher Stellenwert zu. Da der Bund verschiedene bäuerliche Schichten und auch Handwerker umfasste und die Macht im Bund bei einer kleinen Gruppe von Großgrundbesitzern lag, mussten die internen Interessenunterschiede durch eine integrative Ideologie überwunden werden. Auch kamen die Mitglieder fast zur Hälfte aus Ostelbien und aus dem westlichen Deutschland, in dem es andere landwirtschaftliche Strukturen gab.

---

[1] Zahlen nach: Dieter Fricke (Hg): Lexikon zur Parteiengeschichte. Die bürgerlichen und klein-bürgerlichen Parteien und Verbände in Deutschland (1789-1945). In vier Bänden, Köln 1985.

4

Tabelle 2: Mitglieder aus Gebieten westlich und östlich der Elbe[2]

1896	99.000	89.000
1900	100.600	105.400
1906	121.000	151.000
1913	144.340	183.100

Diese räumliche Teilung ist auch daran zu erkennen, dass das Presseorgan des BDL, der „Bund der Landwirte" seit der Jahrhundertwende Sonderausgaben für die einzelnen Provinzen Deutschlands herausbrachte.

Tabelle 3: Provinzialausgaben des "Bundes der Landwirte" 1905 [3]

Ostpreußen	11.000
Pommern	11.860
Südwestdeutschland	19.200
Bayern	6.250
Württemberg	24.500

Was aber ist eine Ideologie? Der Ideologiebegriff selbst ist seit der Umprägung durch Napoleon I. negativ besetzt und umfasst „weltfremde Hirngespinste, dogmatische Gedankenkomplexe, Weltdeutungen mit umfassendem Anspruch und begrenztem Horizont sowie ein interessengebundenes, [politisch] instrumentalisiertes „falsches Bewußtsein", das sich jedoch als interessenlos – wahr versteht...'"[4]. Insofern ist es nötig, Ideologie und konkretes wirtschaftliches Programm zusammen zu betrachten, da diese sich gegenseitig bedingen.

2.1 Wirtschaftspolitische Forderungen

Im Programm von 1893 werden einige grundsätzliche wirtschaftliche Ansichten des Bundes geäußert; in der Folge ist auffällig, dass oft ungenau formuliert wird, um den Handlungsspielraum der Organisation nicht einzuengen. Im ersten Programm finden sich schon die Forderung nach einer Doppelwährung und der Einführung von Landwirtschaftskammern sowie zoll- und steuerpolitische Schutzmaßnahmen für die

---

[2] Zahlen nach: Fricke: Lexikon zur Parteiengeschichte.
[3] Ebd.
[4] Dieter Nohlen (Hg): Kleines Lexikon der Politik, München 2001 ,S.197.

Landwirtschaft. Der Antrag Kanitz, die Forderung einer Verstaatlichung des Getreidehandels, um die Erzeugerpreise auf hohem Niveau stabil zu halten, kam später hinzu. Hier wurde unter anderem argumentiert, dass stetig steigende Erzeugerpreise „materieller Ausdruck für die fortschreitende Kultur eines Volkes"[5] seien. Priorität hatte in den ersten der Kampf gegen den von Caprivi initiierten Handelsvertrag. Auch Viehimporte sollen unter dem Vorwand der Seuchenkontrolle unterbunden werden.

Die drei „großen Mittel" des Bundes (Börsenreform, Verstaatlichung des Getreidehandels und Doppelwährung) bilden die wirtschaftspolitische Agitationsgrundlage des Bundes.

Die sozialpolitischen Ziele des Bundes sind oft sehr unklar formuliert, zielen aber darauf ab, die Freizügigkeit von Landarbeitern einzuschränken und die Sozialversicherung für diese abzuschaffen, um eine „mögliche Entlastung der ländlichen Selbstverwaltungsorgane"[6] (was eine steuerliche Entlastung der Grundbesitzer bedeutet) zu erreichen.

Auch in den 1894 beschlossenen Leitsätzen werden keine Maßnahmen vorgeschlagen, um die strukturellen Probleme der deutschen Landwirtschaft zu beseitigen. Vielmehr geht es auch hier im Grunde genommen um die Forderung nach Ausschaltung von Konkurrenten durch Handelshemmnisse und Subventionen. Auch die Industrie wird angegriffen. So soll gegen die so genannte Surrogatindustrie vorgegangen werden, wie auch gegen den Neubau von Verkehrswegen, der den Einzugsbereich der Industrie vergrößern und die Landflucht verstärken könnte.

Es ist zusammenzufassen, dass die wirtschaftliche Programmatik des Bundes darauf abzielte, Konkurrenz auszuschalten, Subventionen zu erhalten und das unternehmerische Risiko an den Staat abzutreten (zum Beispiel durch die staatliche Garantie von festen Erzeugerpreisen). Auch das „Kartell der schaffenden Stände" von 1913 ist zum Teil die Suche nach Verbündeten für die Restauration der Rolle der Landwirtschaft und ihrer Eliten.

2.2 Bündisches Prinzip

Der Bund der Landwirte empfand sich selbst nicht als Interessenvertretung, sondern in erster Linie als gewachsene Bewegung. Es fällt auf, dass oft an unterbewusste und emotionale Elemente appelliert wird. Hierdurch wurde die Entstehung einer emotionalen Verbindung der

---

[5] Programm von 1912; zitiert in: Hans-Jürgen Puhle: Agrarische Interessenpolitik und preußischer Konservatismus im wilhelminischen Reich, Bonn/Bad Godesberg 1975, S.78. Ähnlich heißt es schon in den Leitsätzen von 1895: „Der heute geltende Grundsatz des schrankenlosen internationalen Ausgleichs der Getreidepreise auf der Preisbasis der niedrigst entwickelten Kulturvölker bedeutet eine wesentliche Störung der kulturellen Entwicklung unseres Vaterlandes."
[6] Puhle: Agrarische Interessenpolitik, Seite 74 (oder auch Anlage 6).

Mitglieder angestrebt. Diese emotionale Bindung sollte die Unterschiede zwischen den einzelnen Mitgliedern, vor allem auch zwischen der Masse der Mitglieder und den wenigen bestimmenden Großgrundbesitzern, überdecken. Durch die Schaffung eines Treueverhältnisses zum Bund entstand gleichzeitig ein Treueverhältnis zu den Führern des Bundes. Dies widersprach auch bewusst demokratischen Prinzipien[7].

Zeichen des bündischen Prinzips nach außen hin ist eine scharf erfolgende Abgrenzung der eigenen „Bewegung" von anderen Interessengruppen, die nur Partikularinteressen verträten. Zudem wird ein kompromissloses Freund – Feind Schemata etabliert (sowohl in der Außen – wie auch in der Innenpolitik), in dem politische Gegner regelmäßig zu Staatsfeinden erklärt werden. „Durchgängig in der Agitation des Bundes sind nach verlorenen Wahlen oder Abstimmungen ausschließlich die anderen Parteien (nicht etwa der erklärte Wille der Wähler oder die Interessen anderer Gruppen) schuld: sie werden der Lüge, unlauterer Machenschaften und des Betrugs bezichtigt und die Einstufung ihres Verhaltens reicht von „unfair" bis „perfid" und „heimtückisch".[8]"

2.3 Harmonistische Theorie

Obwohl die wirtschaftlichen Forderungen des Bundes jeweils konkrete Absichten verfolgten, gab es doch einen allgemeinen wirtschaftstheoretischen Konsens. Dieser baut auf der Grundlage auf, dass die Landwirtschaft „das erste und bedeutendste Gewerbe, die festeste Stütze des Deutschen Reiches und der Einzelstaaten" sei und dass von ihrem „Blühen und Gedeihen…die Wohlfahrt aller anderen Berufszweige"[9] abhängig sei. Der oberste Grundsatz einer „nationalen" Wirtschaftspolitik müsse demnach sein, die „stetige Entwicklung aller Produktivkräfte des Vaterlandes in ihrer gegenseitigen harmonischen Wechselbeziehung"[10] sicherzustellen. Ausdrücklich ausgenommen aus der Klasse der Produktivkräfte ist das „internationale Großkapital", gegen welches die nationalen Produktivkräfte geschützt werden müssten. Auch müsse sich das Reich um eine „Loslösung des nationalen Wirtschaftslebens aus dem Banne des Weltmarktes mit seinen ruinösen Konjunktur – und Krisenrückwirkungen

---

[7] Vgl.: BdL v.15.03.1904; zitiert in: Puhle: Agrarische Interessenpolitik, S.84: Titel:„Der Bund der Landwirte und die Demokratie": „Wir leben in einem uns aufgedrungenen inneren Kriege. Treue Kameradschaft im Felde aber hat in deutschen Heeren noch niemals den Unterschied zwischen Führern und Mannschaft verwischt, sondern das Band zwischen beiden nur noch mehr gefestigt. Warum sollte es anders sein, wenn es gilt zusammenzustehen zu Schutz und Schirm des vom inneren Feinde bedrohten Kaiserthrones."
[8] Puhle: Agrarische Interessenpolitik, S.85.
[9] Puhle: Agrarische Interessenpolitik , Seite 78.
[10] Präambel der Leitsätze von 1895; zitiert in: Puhle: Agrarische Interessenpolitik, S.78.

auf den heimischen Markt"[11] bemühen, womit in erster Linie der Markt gegen die billigeren Produzenten im Ausland gesichert werden sollte.

Die Industrie tritt in der Wirtschaftstheorie des Bundes als Störfaktor auf, da sie der Landwirtschaft Arbeitskräfte entzog, mit landwirtschaftlichen Erzeugnissen konkurrierende Surrogatstoffe produzierte und durch ihre Einbindung in den Weltmarkt nicht an einer Autarkiepolitik des Reiches interessiert war. Gleichzeitig wandte sich der Bund gegen die wachsenden Städte. Hier wurde vor allem eine Gefährdung der Wehrfähigkeit gesehen[2].

Auch sei eine große Gefahr gegeben, dass junge Leute, die vom Land in die Stadt ziehen, sich „Staatsfeinden" wie etwa der Sozialdemokratie anschlössen[13]. Diesem sei durch gesetzliche Einschränkungen der Freizügigkeit vorzubeugen.

Die Industriefeindlichkeit des Bundes wurde bewusst einseitig ausgelegt. Man versuchte sich im Zusammenhang mit der angestrebten „Mittelstandspolitik" mit den großen Industrieverbänden zu arrangieren, während man das Investitions- oder „internationale" Kapital, welches oft polemisch als das „jüdische Kapital" bezeichnet wurde, bekämpfte. Hier wurde argumentiert, es gäbe „zwei Arten von Industrie: eine nationale und eine mehr internationale. Jene halten wir für nützlich und berechtigt, diese ist nur in gewissem Grade notwendig und berechtigt.[14]". Interessanterweise war die Zusammenarbeit vor allem mit dem Centralverband der deutschen Industriellen besonders weit gediehen.

Die harmonistische Theorie des Bundes der Landwirte folgt keiner wissenschaftlichen Systematik; sie ist sehr stark vom Lavieren zwischen den verschiedenen wirtschaftlichen und gesellschaftlichen Interessen des Bundes geprägt. Man orientierte sich auch stark an wirtschaftsromantischen Analogien vom Staat als Organismus.

2.4 Mittelstandsideologie

Der Bund der Landwirte bekannte sich immer zur Wichtigkeit der Erhaltung des Mittelstandes. Der Begriff Mittelstand ist an sich nicht sehr aussagekräftig, insofern ist zu klären, was unter Mittelstand verstanden wurde. Er scheint offensichtlich sehr wichtig gewesen zu sein. So heißt es, dieser sei der „Kern und die Kraft der Staaten[15]". Auch gelte

---

[11] Puhle: Agrarische Interessenpolitik, S.78.
[12] Vgl.: Puhle: Agrarische Interessenpolitik , S.80: „Das [die ‚Landkinder'] ist ein ganzer anderes Soldatenmaterial als die jungen Leute, die die Zeit vom 14. bis 18. Lebensjahr in der großen Stadt oder in der Industrie verlebt haben."
[13] Vgl.: Puhle: Agrarische Interessenpolitik , S.80.
[14] Deutsche Tageszeitung v. 18.03.1896; zitiert in: Puhle: Agrarische Interessenpolitik, S.104.
[15] Schlosser: Weltgeschichte, Bd.3; zitiert in: Puhle: Agrarische Interessenpolitik, S.100.

hier im „Mittelstand allein […] die Freiheit des Individuums.[16]". Eine Definition stammt von Wilhelm von Humboldt: „Es hat sich ein Mittelstand erhoben, der weder zu den ehemaligen Zünften noch zum Adel gehört[17]".

Das Handbuch des Bundes der Landwirte definiert Mittelstand 1898: „Zum Mittelstand können diejenigen gezählt werden, welche ein zu besserer Lebenshaltung ausreichendes Einkommen haben und sich vermöge ihrer gesellschaftlichen Stellung eine wirtschaftliche und politische Selbstständigkeit zu bewahren im Stande sind. Es sind daher die Hauptmerkmale eines gesunden Mittelstandes mittlerer Besitz und mittleres Einkommen sowie die wirtschaftliche Selbstständigkeit.[18]".

All diese Definitionen sind weitgehend unbrauchbar, wenn man eine klare Gruppe als Mittelstand abgrenzen will. Aber es lag nicht im Interesse des Bundes, den Mittelstand fest abzugrenzen, denn dieser sollte über ihre Mittelstandsideologie für den Bund rekrutiert werden und je fließender die Grenzen des Mittelstandes hier gehalten wurden, desto größer die Rekrutierungsmöglichkeiten. So wurde die Agitation des Bundes so ausgelegt, dass sich jeder zum Mittelstand zählen konnte, „der nicht gerade einem regierendem Hause angehörte oder Jude oder Sozialdemokrat war.[19]".

Angesprochen werden sollte der Mittelstand über das Ansprechen von (latent) vorhandener Unzufriedenheit und der gleichzeitigen Behauptung, dass der Mittelstand die eigentliche staatstragende Schicht sei. So sei es „ein altes…, wahres Wort, daß die Füße des Thrones nur in dem gewachsenen Boden des Mittelstandes festwurzeln. Hier liegen auch die letzten, das Leben gebenden Saugwurzeln der Kultur…Der Mittelstand ist der Träger der Kultur gewesen und wird es immer bleiben.[20]". Darüber hinaus wurde eine Abgrenzung nach unten zu den Besitzlosen vorgenommen, vor denen man sich zu schützen habe.

---

[16] Ebd.
[17] Wilhelm von Humboldt in einem Brief an den Freiherrn von Stein, 04.04.1823; zitiert in: Puhle: Agrarische Interessenpolitik, S.100.
[18] Agrarisches Handbuch BdL, S.652; zitiert in: Puhle: Agrarische Interessenpolitik, S.101.
[19] Puhle: Agrarische Interessenpolitik, S.103.
[20] Deutsche Tageszeitung v. 18.09.1901; zitiert in: Puhle: Agrarische Interessenpolitik, S.103.

9

3 Völkische Ideologie

Da die völkische Ideologie eine Vielzahl von Aspekten umfasst, sollen hier nur einige wenige herausgegriffen werden, welche von zentraler Bedeutung sind. Dies sind die Aspekte Rassismus, Antisemitismus, Stadtfeindlichkeit und die Einstellung zu Deutschland. Außen vor gelassen werden hier zur Gänze die Sprachbewegung und die religiöse Bewegung.

3.1 Rassismus

Der Rassebegriff nimmt in der völkischen Weltanschauung eine zentrale Bedeutung ein. Die gesamte Ideologie fußt auf dem Primat der Rasse. Zudem dient der Begriff als Abgrenzungsmerkmal gegen andere, nicht rassisch begründete, Weltanschauungen. Diese Lehre fußte auf Gobineau und seinem Essais ur l'inégalité des races humaines. Gobineau sieht die Rasse als den bestimmenden Faktor der Menschheitsgeschichte. Die höchsten kulturschöpferischen Fähigkeiten maß er den „Ariern" zu, nicht ohne anzumahnen, dass diese Fähigkeit durch „Rassenmischung" verschwände. Diese Sichtweise wurde unter anderem von Otto Ammon übernommen, der von der Gefahr einer „Arierdämmerung" sprach.

Ziel der völkischen Bewegung war es demzufolge, „daß das deutsche Volk Rassenpolitik treibt, die Lehren der Rassenwissenschaft in praktische politische Maßnahmen umsetzt und sein ganzes politisches, soziales und Kulturleben nach ihnen gestaltet."[21]. Dieser biologistische Rassebegriff setzte sich vor allem ab der Jahrhundertwende durch. Andere Konzepte wie etwa Friedrich Lienhards ethisch – symbolische Rassenphilosophie traten in den Hintergrund[22]. Ebenfalls ab der Jahrhundertwende wurden andere „Beweise" für die Herkunft der „Arier" herangezogen. Die Sprache trat in den Hintergrund mit der Begründung, sie sei erlern- und nicht vererbbar. In den Vordergrund traten jetzt physiognomische Merkmale wie Schädelform, Haut-, Augen-, Haarfarbe und Statur. Dem Dogma der Rassenungleichheit folgend wurden drei so genannte Grundrassen in eine Hierarchie gestellt, die gleichzeitig ein vermeintliches Zivilisationsgefälle zwischen Europäern, Asiaten und Afrikanern erklären/beweisen sollte.

---

[21] Arbeitsplan des Deutschbundes in der Rassenfrage (Deutschvölkische Hochschulblätter 3, 1913/14); zitiert in: Uwe Puschner: Die völkische Bewegung im wilhelminischen Kaiserreich. Sprache-Rasse-Religion, Darmstadt 2001, S.69.
[22] Friedrich Lienhard bezweifelte nicht, dass es eine „ererbte Rasse der Arier" gebe, jedoch sei dies kein Grund, stolz zu sein, dies sei nur die materielle Grundlage, auf der sich der Einzelne auszeichnen müsse; vgl.: Puschner: Völkische Bewegung, S.71f.

3.2 Antisemitismus

In der völkischen Bewegung stand außer Frage, dass es eine „Lösung der Judenfrage" geben müsse. Dies war allgemeiner Konsens. „Die Judenfrage [war] [...] keine Frage mehr in dem Sinne ob?, sondern nur noch in dem wie?"[23]. In diesem Zusammenhang stand auch die seit den 1880ern erhobene Forderung, jüdischen Deutschen das Bürgerrecht zu entziehen und restriktive Ehegesetze zu erlassen. Neben einer Einwanderungssperre sollten die „nichtdeutschen Reichsangehörigen" den Status von Reichssassen erhalten. Diese Reichssassen hätten kein Wahlrecht, dürften keine öffentlichen Ämter bekleiden und keinen Grundbesitz erwerben, wären aber steuer- und wehrpflichtig. „Bei Nachkommen jüdischer Stammes=Angehöriger schließt die Zugehörigkeit zu dem deutschen Wesen widerstrebenden israelitischen Stammes=Glaubenstume bezw. der erst im Jahre des Inkrafttretens des deutschen Bürger=Rechts vollzogene Austritt aus demselben die Verleihung des letzteren aus."[24]. Auch wenn es also in Fragen der Durchführung unterschiedliche Meinungen gab, stand doch als Ziel der völkischen Bewegung die „Ausscheidung der jüdischen Rasse aus dem Völkerleben"[25] fest.

3.3 Stadtfeindlichkeit

Die Stadt an sich ist in der völkischen Ideologie ein sehr gefährlicher Ort. Man bedient sich hier eines aus der Antike überlieferten Topos, nach dem die Stadtbevölkerung wegen der ungesunden Lebensbedingungen nicht fähig sei, ihren Bestand zu erhalten, und somit auf Zustrom aus der Landbevölkerung angewiesen sei. Dies geschehe zum Schaden des Landes, da von hier die Besten abwandern würden. Die durch die Industrialisierung erfolgte Verstädterung verschlimmere diesen Vorgang. Durch diese Landflucht entstehe ein langfristig für den Bestand der „Rasse" gefährlicher Bevölkerungsrückgang in den bäuerlichen Schichten. Durch diesen Bevölkerungsrückgang im ländlichen Raum könnte dann den „Slawen" kein Widerstand mehr entgegengesetzt werden, was zu einer Gefahr der „zukünftigen Slavisierung"[26] führe. Somit würden die Besten an die Großstädte verloren gehen und gleichzeitig die Verdrängungsgefahr wachsen.

---

[23] Friedrich Lange:Reines Deutschtum, 3.Aufl Berlin 1904, S.91; zitiert in: Puschner: Völkische Bewegung, S.62.
[24] Adolf Reinicke: Deutsche Wiedergeburt, Lindau 1901, S.179f; zitiert in: Puschner: Völkische Bewegung, S.63.
[25] Seit 1902 Motto des völkischen „Hammer".
[26] Johannes Nickol: Berlin als Reichshauptstadt (Deutschvölkische Hochschulblätter 1, 1911/12); zitiert in: Puschner: Völkische Bewegung, S.116.

Teil der völkischen Ideologie ist auch der Darwinismus, beziehungsweise dessen stark selektionistische Auslegung. Man ging davon aus, dass durch Zivilisationsfortschritte die „Auslese der Besten" immer weiter eingeschränkt würde, wodurch „auch minderwertige Individuen [...] erhalten [werden] und [...] zur Fortpflanzung [kommen], und es heiraten sich nicht die körperlich und geistig gleich Begabten."[27]. Die Großstadt nimmt hierbei die Rolle eines Katalysators der „negativen Selektion" ein. Nachdem die städtischen Lebensbedingungen sich verbessert hatten, und dieses klassische Topos nicht mehr nutzbar war, hieß es nun, dass sich Städte durch niedrige Kinderzahlen negativ auf die Gesamtpopulation auswirken würden[28]. Aus der Verbindung dieser beiden Thesen wurde gefolgert, dass durch die Verstädterung eine Zunahme der „Minderwertigen" und Abnahme der „Höherwertigen" bedingt werde.

3.4 „Deutsche Heimat" – das völkische Deutschlandbild

Der Begriff „Heimat" ist für die völkische Bewegung ein symbiotischer Begriff. Er umfasst das „rassisch geschlossene" Volk und die „als spezifisch empfundene" Natur, die „den eigentümlichen Lebensraum des Volkes bildete, das diese Landschaft als Kulturlandschaft geschaffen hatte und dessen ‚Wesen' mit dieser Landschaft harmonisierte. Das Volk besitzt seine nationale Seele, seine ‚eigentliche' Identität in dieser Landschaft, ohne die es ‚entwurzelt' und verloren ist."[29]. Auf dieser Grundlage galt es als nötig, möglichst große Bevölkerungsgruppen „verwurzelt" zu halten in ihrem Heimatort, in Familie und überkommenen Traditionen. Dementsprechend wird der die „Rasse" angeblich zerstörenden industriell – städtischen Zivilisation das Ideal eines gesunden und natürlichen ländlichen Lebens entgegengestellt. Dies ist begründet durch den Grundsatz, dass „wahrhaft gesunde Menschen, Menschen, auf denen die Zukunft der Nation beruht, [...] in nennenswerter Anzahl nur unter den Bebauern des Bodens und ihren Gehilfen zu finden", so dass „der deutsche Bauernstand den unerschöpflichen Boden deutscher Volkskraft"[30] bilde.

---

[27] Max Robert Gerstenhauer: Rassenlehre und Rassenpflege, 2.Aufl.1920, S.35; zitiert in: Puschner: Völkische Bewegung, S.116.
[28] Begründet wurde dies durch „sozialstatusorientierte Geburtenbeschränkung", d.h. dass die Kinderzahl bewusst durch den Einzelnen niedrig gehalten wird, um seinen sozialen Aufstieg nicht zu gefährden oder sogar abzusteigen.
[29] Gerstenhauer: Rassenlehre, S.52; zitiert in: Puschner: Völkische Bewegung, S.145.
[30] Wilhelm Haacke: Die nationalen Aufgaben des biologischen Unterrichts; zitiert in: Puschner: Völkische Bewegung, S.146f.

Die durch die Industrialisierung bedingte Landflucht war also nach völkischer Deutung nicht nur ein wirtschaftlicher Vorgang. Sie wurde als Gefährdung von gewachsenen Traditionen und Werten und letztlich auch „deutscher Eigenart" gesehen.

Abbildung 1[31]

4 Vergleich von völkischer Ideologie und Ideologie des BDL

Es fällt auf, dass es in ideologischer Hinsicht zwischen dem Bund der Landwirte und der völkischen Bewegung einige grundsätzliche Parallelen und Überschneidungen gibt.

Beide Richtungen betonten das Primat der Landwirtschaft, und dies nicht nur aus einer wirtschaftlichen Argumentation heraus, sondern mit der Begründung, dass das Landleben den angeblichen natürlichen Anlagen „des Deutschen" entspreche und dass durch das Leben in der Stadt menschliche Ressourcen verloren gehen würden, was langfristig den Bestand der „Rasse" gefährden würde. Auch fällt die postulierte Notwendigkeit, den gefährdeten Mittelstand zu erhalten, auf.

Auch antisemitische Vorurteile finden sich bei beiden untersuchten Subjekten. Auf rassistischer Basis wird hier die Unvereinbarkeit von „Judentum" und „Deutschtum" propagiert. Beide Gruppen sind ausgesprochen nationalistisch und fordern auf dieser Grundlage eine protektionistische Handlungsweise der Reichsleitung nicht nur in der Wirtschaftspolitik. Sie fordern darüber hinaus eine Politik zur Erhaltung des „deutschen Materials". Bei den völkischen wird dies „Rassenpolitik" genannt.

---

[31] Titelbild zu Adolf Bartels´ Aufsatz Lebensformen (1907), abgedr.in: Puschner: Völkische Bewegung, S.147.

Auffällig ist auch, dass sich beide Gruppen ausnehmend aggressiv artikulieren. Es werden klare Freund – Feind – Bilder etabliert. Bedingt durch die eigene kompromisslose Haltung werden innenpolitische Gegner schnell zu „Reichsfeinden" erklärt, was die so Gebrandmarkten zu politischen Vogelfreien machen soll. Hierdurch werden nachhaltig Hindernisse für eine mögliche spätere Zusammenarbeit aufgeworfen.

5 Verbindungen des BDL

5.1 Parteien

Seitens des Bundes der Landwirte wurden große Anstrengungen unternommen, um – trotz der eigenen Skepsis gegenüber der Demokratie – in demokratischen Organen wie dem preußischen Landtag und dem Reichstag Einfluss zu gewinnen. Dies geschah nur selten durch die Aufstellung eigener Kandidaten bei Wahlen. Oft wurden hingegen Kandidaten verschiedener Parteien unterstützt. Die vom Bund gewährte Unterstützung umfasste professionelle Redner und Marketingstrategen, die den Einzug in das Parlament beachtlich vereinfachten.

Tabelle 4: Mit offizieller Unterstützung des BDL in den Reichstag gewählte Abgeordnete 1907/1912[32]

Deutschkonservative Partei	62/45
Reichs- und freikonservative Partei	19/11
Wirtschaftliche Vereinigung	20/10
Nationalliberale Partei	34/05
Zentrum	00/07
Fraktionslos	03/02

Insgesamt: 1907 138 Abgeordnete, 1912 80 Abgeordnete

Im Gegenzug mussten die Kandidaten eine Wahlkapitulation niederlegen und sich somit verpflichten, im Zweifelsfall bei Abstimmungen den Anweisungen des Bundes zu folgen. Durch diese Verpflichtung war es möglich, dass bei einer Anzahl von Abgeordneten Konflikte zwischen Verpflichtungen gegenüber der eigenen Fraktion und dem Bund entstanden. Ein Beispiel hierfür stellt die Agitation des Bundes gegen die Kanalvorlagen des Kaisers dar. Zu beachten ist, dass die Machtstellung des Bundes im preußischen Landtag noch

---

[32] Zahlen nach: Fricke: Lexikon zur Parteiengeschichte.

größer war als im Reichstag, da das Dreiklassenwahlrecht den Konservativen im Landtag die Mehrheit sicherte. Im März 1899 wurde die Vorlage dem Landtag zugeleitet. Kritiker aus der ostdeutschen Industrie befürchteten vor allem durch die Senkung der Frachtkosten mehr westdeutsche Konkurrenz. Jedoch war es der Bund der Landwirte, der sich offen den Kanalbauplänen widersetzte, wobei er die konservative Fraktion des Landtages benutzte. Hierbei argumentierte er folgendermaßen:

- Der Kanalbau entziehe der ostdeutschen Landwirtschaft Arbeitskräfte. Nach der Fertigstellung des Kanals würden der Landwirtschaft durch den erwarteten Aufschwung der (westdeutschen) Industrie weitere Arbeitskräfte entzogen werden.

- Durch den Kanal würde für Importgetreide aus den Vereinigten Staaten von Amerika neue Absatzmöglichkeiten in Mittel- und Ostdeutschland entstehen, was den Konkurrenzdruck auf die deutsche Landwirtschaft weiter erhöhen würde.

- Die Ausfuhr landwirtschaftlicher Maschinen und chemischer Düngemittel werde erleichtert. Somit werde die Wettbewerbsfähigkeit der ausländischen Konkurrenz nachhaltig verbessert.

Da der preußische Finanzminister von Miquel den Kanalbauplänen skeptisch gegenüberstand, war der einzige Gegner des Bundes der Kaiser, da der Zentralverband der deutschen Industrie sich nicht festlegen konnte, da westdeutsche und oberschlesische Industrie unterschiedliche Ansichten zum Kanalbau hatten. Bund und Kaiser traten sich in dieser Auseinandersetzung allerdings nicht unmittelbar gegenüber. Beide versuchten, ihren Einfluss auf die Konservativen im Landtag geltend zu machen. Zu beachten ist, dass ein großer Anteil der Konservativen gleichzeitig Beamte waren, aber ihre Mandate dem BDL verdankten. Beide Seiten übten nun Druck auf die Mandatsträger aus. Der BDL drohte, dass ein Einschwenken auf die Linie des Kaisers „den Verlust des Sitzes im Parlament zur Folge haben würde.[33]".

Der Kaiser hingegen erließ die Anweisung, den Landräten unter den Mandatsträgern mit der einstweiligen Versetzung in den Ruhestand zu drohen und ihnen den Zugang zum Kaiser zu verwehren[34].

In diesem Konflikt entschied sich die Mehrheit der Konservativen für eine Ablehnung der Kanalvorlage. Der Kaiser setzte daraufhin seine Ankündigung um und versetzte 2 Regierungspräsidenten und 18 Landräte in den einstweiligen Ruhestand. Der BDL jedoch

---

[33] Fritz Blaich: Staat und Verbände in Deutschland zwischen 1871 und 1945, Wiesbaden 1979, S.33.

[34] Vgl.: Blaich: Staat und Verbände, S.33f. Der Kaiser sprach davon, dass er den „von den konservativen Parteien in grenzenloser Borniertheit [ihm] hingeworfenen Fehdehandschuh werde [er] aufnehmen." Innenminister von der Recke milderte die Anweisung dahingehend ab, dass er verkündete, der Kaiser halte es für unvereinbar mit der Dienstpflicht eines Beamten, gegen eine vom Kaiser befürwortete Gesetzesvorlage zu stimmen, solange sie den Diensten des Kaisers stünden.

betrieb einen großen Aufwand, um die „Kanalrebellen" zu ehren. „Es wurden ihnen Dankesbriefe geschrieben, Fackelzüge gebracht, Abschiedsessen gegeben und sogar Sammlungen für sie veranstaltet.[35]". Diese indirekte Kraftprobe zwischen Monarchie und BDL endete also mit einer Niederlage der Monarchie, zumal die suspendierten Beamten bald wieder in ihre Ämter zurückkehren konnten.

Angesichts des großen Einflusses des Bundes auf das Abstimmungsverhalten der Konservativen Fraktion könnte man diese auch als Agentur des Bundes bezeichnen. Dies wurde zum Teil auch in zeitgenössischen Kommentaren getan. Hier heißt es beispielsweise: „Die Konservativen...sind, nach dem sie zunächst mit den extrem agrarischen, ja geradezu demagogischen Einflüssen des Bundes der Landwirte und der Antisemiten geliebäugelt, und später sich ihnen unterworfen haben, mehr oder minder zu einer ausgesprochenen Interessenvertretung herabgesunken... Die Konservativen werden wesentlich die Rolle einer agrarisch wirtschaftlichen, auf den Bund der Landwirte eingeschworenen Partei übernehmen.[36]".

Allerdings ist es wohl treffender zu sagen, dass beide Organisationen Agenturen des preußisch – ostelbischen Großgrundbesitzes waren. Auch war der BDL mit dem Versuch allein mit eigenen Kandidaten zu Wahlen anzutreten, gescheitert[37], so dass „Konservative und Bund der Landwirte...derart aufeinander angewiesen, ja, miteinander verwachsen, daß ihre Trennung nur schwere politische Folgen nach sich ziehen konnte.[38]" Dies galt auch wenn offiziell die betont wurde, der BDL „schließt sich keiner politischen Partei an; wenn auch seine meisten Mitglieder, wie alle bodenständigen Menschen, eine konservative Weltanschauung haben.[39]".

5.2 Traditionelle Verbindungen

Aus ihrer überkommenen gesellschaftlichen Stellung heraus verfügte die Leitung des BDL über gute Kontakte zur Reichsverwaltung. Auch die regionale Verwaltungsstruktur konnte durch sie beeinflusst werden. Vor Ort waren sie als Großgrundbesitzer bestimmende politische und wirtschaftliche Faktoren. Der Einfluss des BDL in „Militär und Verwaltung

---

[35] H.Horn: Der Kampf um den Bau des Mittellandkanals, 1964; zitiert in: Blaich: Staat und Verbände, S.34.
[36] Dirk Stegmann: Die Erben Bismarcks, Köln/Berlin 1970, S.143. Zitiert wird hier aus einem Bericht des sächsischen Militärbevollmächtigten an das Kriegsministerium vom Mai 1898.
[37] Vgl.:Dirk Stegmann: Erben Bismarcks, S.142. „Auch Wangenheim hatte zwar mit der Gründung einer ‚neuen Partei' gedroht; dazu kam es jedoch […] nicht, weil der BdL mit seinen eigenen Kandidaten bei den Wahlen vom Juni 1903 Schiffbruch erlitt [von 55 Kandidaten waren nur 4 gewählt worden, Anm.d.Verf.]."
[38] Stegmann: Erben Bismarcks, S.142.
[39] Ebd., S.143.

war traditionell größer als der anderer Gruppen; sie beherrschten in der Regel die preußischen Kreisverwaltungen (östlich der Elbe) und das Abgeordnetenhaus [...]. Sie repräsentierten am deutlichsten von allen Interessengruppen die ungebrochenen feudalen Elemente in einem Staat, der sich gerade durch den hohen Stellenwert feudaler Relikte in seinem sozialen und politischen System von den westeuropäischen Staaten unterschied.[40]".

Auch bestanden personelle Verbindungen zu verschiedenen Organisationen. Der Deutsche Landwirtschaftsrat etwa wurde durch Graf von Schwerin-Löwitz, einem BDL Mitglied aus Pommern, geführt. Auch die Vereinigung der Steuer- und Wirtschaftsreformer stand unter der Leitung des BDL Mitglieds Graf von Mirbach-Sorquitten, der gleichzeitig auch im Vorstand der Deutschkonservativen Partei tätig war. Zudem bestanden hier über persönliche Kontakte zum CDI-Gründer von Kardorff Kontaktmöglichkeiten zur Industrie.

6 Schlussbetrachtung

Die völkische Bewegung zeichnet sich dadurch aus, dass sie aus vielen einzelnen Zirkeln bestand, deren Ideologie sich wohl grundsätzlich ähnelte, in denen es aber viele spezifische Richtungen gab, von denen einige, wie zum Beispiel die Ausrichtungen, die versuchen, sich auf eine heidnische Mythologie zurück zu beziehen und diese wieder zu etablieren, nicht massentauglich waren. Der Bund der Landwirte als Massenorganisation muss naturgemäß, da die Ideologie hier als integrierender Faktor fungieren soll, eine „verwaschene" Ideologie benutzen. Hier wird ausdrücklich auf Massen integrierende Aspekte gesetzt. Dies sind etwa das Primat der Landwirtschaft, Nationalismus, ein (inkonsequentes) Bekennen zu Kaisertum und christlicher Religion und Antisemitismus. Vor allem wurde eben darauf geachtet, durch die eigene Ideologie nicht tradierte Werte anzugreifen wie etwa den Monarchismus und die Religion.

Durch die Rolle des Bundes der Landwirte als Massenorganisation und den vielfältigen Einfluss dieser Organisation in der Öffentlichkeit, sei es durch die eigene Presse, die Redner des Bundes in Wahlkämpfen, die einzelnen Mitglieder vor Ort oder die auf den Bund eingeschworenen Abgeordneten im preußischen Landtag und im Reichstag, eignete sich der Bund als Katalysator der völkischen Ideologie. Vor allem auch, weil diese politische Feindbilder enthielt, die mit den ausgemachten wirtschaftlichen Gegnern des BDL weitgehend kongruent waren. Auf diese Weise wurde auch für den Bund die politische Agitation vereinfacht. Mit wirtschaftlicher Konkurrenz muss man einen modus vivendi

---

[40] Hans-Jürgen Puhle: Von der Agrarkrise zum Präfaschismus, Wiesbaden 1972, S.50.

finden, doch wenn diese wirtschaftliche Konkurrenz gleichzeitig zu den „Reichsfeinden" gehört, die den „Fortbestand der Rasse" gefährden, ist es fast schon eine Pflicht, diese zu bekämpfen.

7 Literaturverzeichnis

- Fritz Blaich: Staat und Verbände in Deutschland zwischen 1871 und 1945, Wiesbaden 1979.
- Dieter Fricke (Hg): Lexikon zur Parteiengeschichte. Die bürgerlichen und klein-bürgerlichen Parteien und Verbände in Deutschland (1789-1945). In vier Bänden, Köln 1985.
- Handbuch der Deutsch – Konservativen Partei, 4.Aufl., Berlin 1911.
- Lutz Hoffmann: Das deutsche Volk und seine Feinde. Die völkische Droge – Aktualität und Entstehungsgeschichte (Reihe: Neue kleine Bibliothek, Band 42), Köln 1994.
- Dieter Nohlen (Hg): Kleines Lexikon der Politik, München 2001.
- Hans-Jürgen Puhle: Von der Agrarkrise zum Präfaschismus: Thesen zum Stellenwert der agrarischen Interessenverbände in der deutschen Plitik am Ende des 19.Jahrhunderts, Wiesbaden 1972.
- Hans-Jürgen Puhle: Agrarische Interessenpolitik und preußischer Konservatismus im wilhelminischen Reich (1893-1914), Bonn/Bad Godesberg 1975.
- Uwe Puschner: Die völkische Bewegung im wilhelminischen Kaiserreich. Sprache-Rasse-Religion, Darmstadt 2001.
- Nora Räthzel (Hg): Theorien über Rassismus, Hamburg 2000.
- Dirk Stegmann: Die Erben Bismarcks, Köln/Berlin 1970.